So wird meine Seele gesund

AF220192

Tagebuchaufzeichnungen

Reinhild Löding-Ehrenstein

So wird meine Seele gesund

Reinhild Löding-Ehrenstein

Impressum

Bibliografische Information der Deutschen Nationalbibliothek:
Die Deutsche Nationalbibliothek verzeichnet diese Publikation in der
Deutschen Nationalbibliografie; detaillierte bibliografische Daten sind im
Internet über http://dnb.dnb.de abrufbar.

Die Autorin:

Reinhild Löding-Ehrenstein, geboren 1949 in Baunatal, aufgewachsen in
Kassel, verheiratet, Studium der Psychologie in Gießen und Wuppertal,
arbeitet als Psychologische Psychotherapeutin in eigener Praxis in
Düsseldorf.

Titelfoto:

Der Gekreuzigte umarmt die beiden Kreuzestheologen
Bernhard von Clairvaux (1090-1153)
und Martin Luther (1483-1546)
Sinnbild des guten Miteinanders
Bronze von Werner Franzen (1986/87)
Foto: Stiebel, Koblenz
Altenberger Dom

Korrektorat: BoD

Alle Namen wurden geändert.

Herstellung und Verlag: BoD – Books on Demand, Norderstedt

ISBN: 9783756228850

Vorwort

Bereits als Jugendliche interessierte ich mich für den Zusammenhang von „seelischer Gesundheit" und Lebensproblemen.

Wenn Patienten die Praxis mit einem Rezept verließen – es handelte sich damals um eine internistische Praxis – war mir oft nicht sehr wohl dabei und mir ging der Gedanke nicht mehr aus dem Kopf „das hilft denen doch jetzt gar nicht".

Die Suche nach den inneren Zusammenhängen hatte begonnen. Es blieb eine lebenslange Beschäftigung mit diesem Thema, das mich im Laufe der Zeit fündig werden ließ.

Einerseits wurde ein wunderbarer Beruf daraus. Den anderen Aspekt beschreibe ich in meinem Tagebuch-Auszug „So wird meine Seele gesund", was wesentlich weitreichender war als die psychologische Komponente.

Ich lade Sie ein, den Zweifeln und Infragestellungen und schließlich dem Finden zu folgen und Gewinn zu erleben auf dieser inneren Reise, die von nichts gestört werden muss.

Langenfeld, April 2022
Reinhild Löding-Ehrenstein

Alt - *ernativ* - katholisch.

Früher Freikirchlich.

(Auszugsweise)

Mit Wünschen wie dem folgenden ist es ja so eine Sache.

Wenige Wochen, bevor ich die Alt-*ernativ*-Katholiken kennen lernte, sagte ich zu meiner Freundin: wenn es eine katholische Kirche gäbe, die nicht das Primat des Papstes anerkennt, die Frauen ordiniert und kein Zölibat fordert, wäre das genau die richtige Kirche für mich. Was dann passierte, lesen Sie selbst...

SONNTAG, 23. JULI 2006

Heute gehe ich in eine neue Kirche: Alt-*ernativ*-Katholische Gemeinde,

10:30 Uhr Gottesdienst. So steht es in meinen Tagebuch-Notizen und ich lese interessiert weiter: Ich bemerke mein Zaudern; und dass die Sonntagmorgen-Stille hier zu Hause auch etwas Besonderes geworden ist. Ich spüre Müdigkeit, mich schon wieder mit neuen theologischen Gedanken auseinandersetzen zu müssen; Nicht zuletzt beschleicht mich die Befürchtung, dass es mir derzeit einfach zu viel sein könnte mit den Sonntagmorgen-Begegnungen. Bei allem Zweifel: es zieht mich hin; es steht fest:

ich gehe und bin gespannt!

MONTAG, 24. JULI 2006

Nicht allein...diese zwei Worte erfüllen mich seit gestern.

Nicht allein habe ich die gestrige Gottesdienstzeit verbracht;

Nicht allein die Gedanken nach dem Gottesdienst „gewälzt", abgewogen, hin und her gedreht; nicht allein habe ich mich während des Gottesdienstes gefühlt;

Nicht allein beim Nachhausekommen, indem ich meiner Freundin am Telefon davon berichtete; auch Holger will wissen, wie es gewesen ist. Und so war`s: Als ich die Straße gefunden habe, inspiziere ich den zunächst etwas dunkel wirkenden Eingangsbereich. Wenn ich nicht so fest entschlossen wäre, könnte ich schon jetzt die Äußerlichkeiten zum Anlass nehmen, rasch wieder zu verschwinden. Doch ich halte durch. Gegen 10:15 Uhr kommen der Priester und seine Frau; ich werde herzlich begrüßt. Sie schließen auf und ich komme endlich an den ersehnten Schriftentisch, decke mich sofort gezielt ein und beginne in der zweiten Bankreihe zu lesen.

Credo

Ich glaube an Gott
Die Kraft,
Die uns wie am ersten Schöpfungstag
Ins Leben ruft.

Und an Jesus Christus,
Das Gotteskind,
Von Maria zur Welt gebracht.
Das gottbegabte Menschenkind
Hat mit Brüdern und Schwestern gelebt,
Sie geheilt und aufgerichtet,
Doch gelitten
Unter den Menschen,
Die an das Gesetz des Todes glaubten.

Ist hineingegangen
In die Mitte des Todes,
Wurde von Menschen
In ein Grab getragen,
Von Gott
Neu ins Leben gerufen.
Es sitzt an der Seite der Ohnmächtigen,
Denen Gott Macht verleiht.
Von dort
Kommt die Botschaft zum Leben
An die Lebenden und die Toten.

Ich glaube,
Dass Gottes Geist
Lebendig macht,
Zur Liebe befähigt,
Zur Vergebung ruft,
Zur Wachsamkeit drängt
Und zum Leben auffordert
Ewig.

Amen.

„Das Credo-Projekt" Publik-Forum-Verlag 1990er Jahre

Ich glaube.

Zunächst fällt mir die einsetzende Geschäftigkeit aller im Altarbereich auf. Es werden Kerzen entzündet, die Eucharistie-Geräte bereitgestellt und Blumen dekoriert. „Wir gehen zuerst immer noch einen Kaffee trinken im Gemeindesaal", lädt mich eine freundliche Stimme ein. Ich bedanke mich für die Einladung, ziehe es aber vor, weiter zu lesen und aus der Entfernung das Geschehen zu beobachten. Auch das ist in Ordnung; keiner bedrängt mich. Alle, die kommen, gehen „noch einen Kaffee trinken", - zumindest verschwinden sie im Gemeindesaal. Wir sind an diesem Sommerferienmorgen nicht mehr als dreizehn Leute mit dem Priester und mir. Gegen 10:30 Uhr beginnt in gelockerter Atmosphäre eine angenehme Gottesdienstzeit mit Rückbesinnung, einfacher Liturgie und Abfolge. Den Friedensgruß geben wir mit einem Händedruck weiter. Die Liturgie mischt sich aus „römisch" und „reformiert". Die meisten Teile erkenne ich dank meines 30jährigen vagabundierenden geistlichen Lebens, die wenigsten sind mir fremd. Und wenn, dann nur dem formalen Wortlaut nach. Es gibt keine Zeile, die ich nicht mitsprechen kann; was trennt mich eigentlich von diesen Menschen, frage ich mich. Ich fühle mich zu Hause.

Nach dem Gottesdienst gehe ich mit in den Gemeindesaal. Meine Nachbarin zur Rechten erzählt mir viel über die Gemeinde, ihr Wachstum, den Kirchenkauf, über „wir sind ja auch nett", andere Alt-katholische-Gemeinden und ermutigt mich, auch dort mal hinzufahren. Das werde ich bestimmt tun. Zu meiner Linken hat der Priester Platz genommen; ich erzähle gerne, wie ich zur Alt-*ernativ*-katholischen Gemeinde gekommen bin: Tipp von meiner Freundin aus Holland und dann Internet. Der Priester ist ein Zuhörer; das tut gut.

Auch hier: Verstehen, Geschwisterlichkeit und Gleichheit; etwa auf der ganzen Linie? – so sieht es aus. Als er gehen muss („ich muss noch aufräumen"), ist auch meine Zeit gekommen. Beim Abschied nach dem Kirchencafé sage ich – fast vor mich hin: man geht den Weg doch sehr allein. Die rechte Tischnachbarin nickt, die gegenüber sagt: „nicht allein". Diese einfachen

Worte schlagen bei mir ein. Wie gut, dass ich gegangen war.

SAMSTAG, 29. JULI 2006

Das NICHT ALLEIN hat mich die ganze Woche begleitet. Eine neue Perspektive hat begonnen mit „alt-katholisch". Habe mich gut gefühlt die ganze Woche. Erlebe mich wieder im Kontext; Elixier des Christenmenschen? Das muss wohl so sein.

SONNTAG, 6. AUGUST 2006

Heute ist es wieder soweit und ich besuche die Alt-*ernativ*-katholische Gemeinde. Ich freue mich darauf, einen Gottesdienst feiern zu können, der mein Inneres anrührt. Zwar gehen mir Gedanken durch den Kopf, die über Glauben verschieden denkender Paare von Sonntagmorgen- und auch sonstigen Situationen her bekannt sein müssten; die Freude ist von daher nicht ganz ungetrübt; soll ich nicht doch lieber mit Holger gehen zur EFG (Evangelisch Freikirchliche Gemeinde)? Dann merke ich, wie relativ locker wir heute mit diesem Thema umgehen, indem wir nie "vollständige Einigkeit" hatten. Holger ist etwas entspannter; das macht es für mich einfacher. Er sagte "ich gehe jetzt" und ich ging nicht mit zur Tür. Nun freue ich mich auf den Gottesdienst der Alt-*ernativ*-katholischen Gemeinde und folge heute wieder „meinem" inneren Weg. Von NICHT ALLEIN will ich mehr und ich bekam mehr.

MONTAG, 7. AUGUST 2006

Im Wesentlichen hatte ich 2 Begegnungen:

Esra, "der Vikar" und Ineke, die auch noch kein Mitglied ist. Esra ist ehemaliger "Römer", Studium der römisch-katholischen Theologie, Promotion über "Die Frauen im Buddhismus". Nach dem Studium Begegnung mit einem Alt-*ernativ*-Katholiken; dann spontane

Hinwendung zum Alt-*ernativ*-Katholizismus. Seit 4 ½ Jahren in dieser Alt-*ernativ*--katholischen Gemeinde (so lange Vikar? Ja, weil es eben zu wenige Stellen gibt für Hauptamtliche; eine Geldfrage). Damaliger Stand: die Stelle sollte gestrichen werden, was inzwischen abgewendet ist, da ein neuer Pfarrer bereit ist, 2 Gemeinden zu übernehmen. Ein Spagat und eine Herzenssache zugleich. Ineke sucht auch eine neue Gemeinde. In der Baptisten-Gemeinde ihres Wohnortes war es ihr zu eng geworden. Jetzt ist sie hier gelandet. "Wenn ich es richtig finde, will ich hier Mitglied werden" "Ich auch" denke ich, weiß aber noch nicht, welcher Prozess nun vor mir steht. Leider ist Ineke schon wieder fort. "Zu wenig Evangelium". Das war ihr Bedürfnis. Für mich ist die ganze Liturgie voll schönsten Evangeliums. So unterschiedlich sind wir Menschen. Zum ersten Mal seit 5 Jahren bin ich stolz auf meine Entscheidung, aus der EFG ausgetreten zu sein und treffe auf offene verständnisvolle Ohren. Das ist nach Hause kommen!

SONNTAG, 13. AUGUST, 2006

Heute gehe ich mal wieder ganz brav mit meinem Ehepartner in eine Freie evangelische Gemeinde FeG. Die dicke Dissertation von Angela Berlis, Kirchenhistorikerin der Alt-Katholiken, beim Frühstück neben mir. Thema "Frauen im Prozess der Kirchwerdung – Eine historisch-theologische Studie zur Anfangsphase des deutschen Altkatholizismus 1850-1890, Frankfurt, Peter Lang, 1998". Heute gehe ich wieder in meine Vergangenheit, wo inzwischen Fremdes, hin, so mein Gefühl. Es ist nichts Zukünftiges hier für mich und ich fühle mich schon jetzt fehl am Platze mit Ausnahme der Entscheidung, wegen Holger hin zu gehen. Wie anders zieht es mich schon jetzt zu den Alt-*ernativ*--Katholiken. Jetzt muss ich aber auch im Urlaub erstmal drauf verzichten. Ein neuer Weg hat begonnen.

VORHER

Nun habe ich mich mal wieder zur Alt-*ernativ*-katholischen Gemeinde aufgemacht. Heute eh frühes Erwachen wegen allem und noch was. Was suche ich, was brauche ich? Wo fühle ich mich wohl? Nicht in der Passivität. Was ist nur dran für mich und wie kann ich leben? Suche ich, was es nicht gibt?? Auf jeden Fall muss ich weiter gehen und weiter experimentieren. Auch als Teil eines Paares. Nur innerlich nicht vertrocknen! Wie tief habe ich die Gemeinsamkeit verinnerlicht? Vielleicht ist eine Testmöglichkeit, mal eine Zeitlang die Mittwochgebete - Taizé-Gebet im Wechsel mit einer Lichtvesper - zu besuchen und dann zu bilanzieren. Sagen wir, ¼ Jahr. Einer der Priester ist da; das Tor ist geöffnet. So langsam mache ich mich auf den Weg.

Wohin?

NACHHER

Super Entscheidung, hin zu gehen: Gemeinschaft als Gruppe erlebt, hilfreiche Rituale wie das gemeinsame Vater Unser und vor allem meine Lieblingszeile aus der stets selben Liturgie: //:"Herr, ich bin nicht würdig, dass du eingehst unter mein Dach. Sprich nur ein Wort, so wird meine Seele gesund"://. Gibt es eine schönere Hoffnung, als Zusage erlebt, für alle Menschen? Immer und immer wieder. Das ist es, was mich anzieht.

MONTAG, 20. AUGUST 2007

In der Alt-*ernativ*-katholischen Gemeinde wächst ein kleiner Zweig neuer Gemeinschaft. Ob ich das Gespräch mit Michael (neuer Vikar) mal suche oder ob ich eine Vorlesung in Bonn am Alt-katholischen Institut besuche, um in Sachen Mitgliedschaft in der Entscheidung weiter zu kommen? Suche ich Kriterien, um entscheiden zu können, zu welcher Gemeinschaft ich gehören will oder will ich dort hingehören, wo ich mich zu Hause fühle, ohne die ganzen Fragen der Sakramente und Dogmen zu klären, geklärt zu haben? Habe ich nicht genügend Theologie, mit der ich „leben und hoffentlich auch sterben" kann, wie ich es lernte.

DONNERSTAG, 27. SEPTEMBER 2007

Gestern habe ich Carmen kennen gelernt; auch eine suchende und aufgeschlossene Frau. 1993 Austritt aus der römisch-katholischen Kirche, da sie mit den Überzeugungen nicht mehr übereingestimmt habe. Eine angenehme, differenzierte und sympathische Frau. „Freikirchlich, was ist das denn?" Ja, das gibt es auch noch immer und ich merke, wie ich hier und da in Erklärungsnot gerate, um zu erklären, warum ich mich dort so lange aufgehalten habe, wo mir das Denken schon längst zu eng geworden war. Auch Carmen möchte wieder wozu gehören. Das ist mittwochs nun ein richtig schöner Konfessionsverschiedener kleiner Kreis. Schon denke ich ans „Einbringen", gut frei evangelisch geprägt.

DIENSTAG, 16. OKTOBER 2007

MAN MUSS WEGGEHEN KÖNNEN ALS BLIEBE DIE WURZEL IM BODEN. Hilde Domin

STILLES WOCHENENDE JANUAR 2008

Im liturgischen Gebet fühle ich mich aufgehoben und in einer Tiefe angesprochen, die ich in meinen früheren Gebeten irgendwie nicht so erlebte.

DONNERSTAG, 24. JANUAR 2008

Kreuzchen im Kalender: Holger war mit zur Taizé - Andacht; und ich glaube, dass es ihm nicht mal schlecht gefallen hat. Sehr freundliches Begrüßen durch die andern. Gute Atmosphäre, Vertrautheit.

MITTWOCH, 6. FEBRUAR 2008

MEIN ERSTES ASCHEKREUZ bei den Alt-*ernativ*-Katholiken und überhaupt in meinem Leben mit dem Begleitspruch: Kehre um und glaube an das Evangelium.

SONNTAG, 2. MÄRZ 2008

Heute nun nochmals mit zur EFG und zur FeG. Das mache ich für uns, also für mich. Der gefundene Rhythmus ist für mich der richtige. Ab und zu einfach alleine zu Hause bleiben. Es wird sich einspielen. Mittwoch zur Alt-*ernativ*-katholischen Gemeinde und meine inneren Pläne verfolgend. Noch paar Takte „Für ein offenes Christentum", von der Minde, 1994, Kösel, S. 48: „In der Auseinandersetzung vor 120 Jahren hat die alt-katholische Kirche jedoch auch die Instrumente der Mitsprache und Mitverantwortung aller Gemeindemitglieder zurückerworben. Sie hat das altkirchliche Entscheidungsinstitut der Synode wieder zum Leben erweckt, das jeglicher „Monarchie" (...) widersteht. Gewissensentscheidung und – wenn nötig – Widerstand, synodale Mitsprache und Mitverantwortung sind die urchristlichen und altkirchlichen Werte. Es gilt, diese in die wirklich katholische oder christliche Kirche einzubringen. Dazu bedarf es der Auseinandersetzung mit den Schwestern und Brüdern, die sie vor 120 Jahren erkämpft haben – unter persönlichen Opfern und Leiden."

MONTAG, 3. MÄRZ 2008

Der Sonntag in den beiden evangelischen Freikirchen hinterlässt viel Unruhe in mir zurück: EFG: Ankündigung von „Filetstück Freude" mit nachfolgender Ausführung von „wir müssen auch Schweres tragen" und einem Abendmahl ohne Zusprüche aber immerhin mit Betonung des Empfangens. Dann völlig Liturgie lose, aber erfrischend unkonventionelle Abläufe in der FeG in Gründung (FeGiG).

MITTWOCH, 5. MÄRZ 2008

Wunderschöne Kreuzwegbetrachtung mit Bildern von S. Köder: Gott will, dass wir den Weg zu Ende gehen. Unausweichlichkeit unseres eigenen Todes. Der Besuch bei den Alt-*ernativ*-katholiken bringt eine größere innere Ruhe. Ich freue mich auf den Sonntag-Gottesdienst und unser anschließendes Singen.

MONTAG, 10. MÄRZ 2008

Ein schöner Sonntag, nicht ganz so still wie ohne Gottesdienst; mit vielen Begegnungen und Worten; aber dennoch ein guter Nachklang. Der Text von Lazarus, von Markus ausgelegt: ermutigend und erfüllend; nicht belastend. Nirgendwo Druck in der Predigt.

MITTWOCH, 12. MÄRZ 2008

„Ich kann jetzt viel besser verstehen, was du in den alt-*ernativ*--katholischen Gottesdiensten findest" sagt Holger, der soeben zurückgekehrt ist von einer Veranstaltung des Arbeitskreises Christlicher Kirchen (ACK). Ich bin platt. Holger nimmt das Wort „altkatholisch" in den Mund. Ich staune und freue mich; wie gut sich das anfühlt.

SONNTAG, 16. MÄRZ, 2008

DIE PALMSONNTAG-LITURGIE

Man kann sich hineinbegeben, hineinfallen lassen, sich konzentrieren, abschweifen, wieder konzentrieren, ordnen, stabilisieren, was schließlich in großer Freude gipfelt, unbeschreiblich das größere Ganze, die Stille.

Impuls am Freitagmorgen mit Sr. Teresa: Matthäus 16, was sagen die Leute, wer ich sei...wohin bin ich unterwegs? Anschließend Gespräch mit Sr. Teresa: Ich merke, wie tief das geht, wenn zu mir jemand sagt „und da fühlen sie sich verletzt?" und ich habe es zugelassen. Das tat gut.

Rückzug als Schutz versus Vorwärtsgehen, indem ich einen Schritt zurücktrete. Frage: was tue ich mit welchem Ziel?

Im Zurücktreten doch vorwärts gegangen?

das Weggehen aus freikirchlichen (Heimat)-Gemeinden

hin zu evangelisch-lutherischen und ökumenischen Zentren

Kirchentagen

Schließlich zu den Alt-*ernativ*-Katholiken

MITTWOCH, 27. AUGUST 2008

Sehr schöne Taizé-Andacht; zu neunt; kräftiger mehrstimmiger Gesang. Der Vikar bleibt für 3 Jahre und Carmen wird Mitglied.

DONNERSTAG, 27. NOVEMBER 2008

Gestern gab Hubert die Beitrittserklärung für Monika ab. Er sei schon längst Mitglied. Ich war sprachlos. Es kann gar nicht sein. Auf der letzten (immer öffentlichen) Mitgliederversammlung haben sich beide auch als „Gäste" eingetragen, wie ich. Als ich Hubert fragte – kurz bevor die Unterschriftenliste herum ging – ob er schon Mitglied sei, schüttelte er dermaßen den Kopf, so, wie wenn man sagt: „ich, nein, wie komme ich dazu; das muss ich mir noch gründlich überlegen". Ich sah in ihm heimlich ein verbündetes „Noch Nicht-Mitglied", das aber auch schon überall seine Meinung sagte und sich auf dem Weg der Integration befand. Ich freute mich riesig, dass meine Einschätzung, dass die

AKs genau das Richtige für Hubert und Monika sein könnten, so „ins Schwarze getroffen" hatte und meine Einladung so „erfolgreich" war. Hubert kommt – wie ich – gerne und regelmäßig zum Taizé-Gebet und zur Lichtvesper. Jetzt hat er mich überholt. Er ist Mitglied und Monika jetzt auch. Und ich sitze da mit meinem ewigen Relativieren und Fragen. Als ich es später Holger erzähle, sagt er nur „Klasse". Als ich noch etwas später die Frage stelle, wie fändest du es, wenn ich auch Mitglied würde, sagt er „das fände ich schon komisch". Heute Morgen kommt mir die Idee, ich kann ja Mitglied werden, obwohl er es „komisch" findet. Z.B. er „darf" es doch komisch finden. Mein Kopfweh wird stärker. Und wieder treibt mich die Frage um, was bedeutet das nun für mich und wie und wo geht's für mich vorwärts? Warum ist es so kompliziert bei mir? Ich visiere ein Gespräch mit Bruder Konrad an.

Heute geht Hanna mit mir zur Alt-*ernativ*-katholischen Gemeinde. Ich freue mich darauf, dass ich Hanna diese Gemeinde mal zeigen kann und dass wir den 1. Advent gemeinsam erleben werden. Mit den Alt-Katholiken beginnt ein neuer Weg, der Adventsweg zur Krippe. Ein Weg voller Symbole und Stationen. Freude über diesen Sonntag. „Wenn es etwas gibt, was für dich richtig ist, dann ist es das hier" sagt Hanna noch bevor der Gottesdienst begonnen hat und: „ich wäre schon längst Mitglied"; später: „auf was wartest du noch?"

Ich muss zugeben, ich bin verwirrt. Michael kommt, begrüßt mich herzlich, fragt mich, ob ich die Lesung machen möchte, sowie die 1. Adventskerze anzünden. Ich möchte. So viel Aktion. Carmen bemerkt: „jetzt wirst du aber nervös". Sie hat recht. So viel Aufmerksamkeit, so viel Schönes. Ich bin echt nervös, glücklich und aufgewühlt zugleich. Was brauche ich noch, um die Entscheidung zu treffen? WIE will ich es entscheiden? Ich gehöre hier hin. Das findet auch Hanna. Das bedeutet mir was. Wir sind den gesamten inneren Weg bisher gemeinsam gegangen, seit unserem 12., intensiv und bewusst seit dem 19. Lebensjahr. Sie kennt mich. Der ganze Gottesdienst war eine Freude. Was habe ich noch für Fragen? Etwas könnte jetzt zur Ruhe kommen. Verbindlichkeit könnte erstmal heißen, regelmäßig die Gottesdienste und das Mittwoch-Gebet zu besuchen. Darin zur Ruhe kommen. Falls ich stürbe, würde ich alt-*ernativ*-katholisch beerdigt. Das wäre doch die Liturgie, die ich auch jetzt schon lebe. Ich wieder ein Mitglied, warum wäre das so schlimm? Nein, es wäre ein Segen. Was spricht eigentlich dagegen? Nichts!

MONTAG, 1. DEZEMBER 2008

Noch immer bin ich aufgewühlt vom Wochenende her.

Monika hat unterschrieben, ist Mitglied geworden (Montag), also gestern. Danach habe sie eine unruhige Nacht gehabt und sich gefragt, ob sie denn nun Anke, ihre Tochter, „verraten" habe, die ja fest in einer Freikirche beheimatet sei. Doch dann habe sie beschlossen, dass es ihre Entscheidung sei und finde dies auch richtig so. In dem Gespräch mit Michael habe sie noch ein paar Fragen klären können. Ferner seien ihre Hauptgründe zum Konfessionswechsel von römisch-katholisch zu alt-*ernativ*—katholisch,

dass nicht an die Unfehlbarkeit des Papstes geglaubt werde, es kein Zölibat gebe, Frauen als Priesterinnen ordiniert würden;

Also, genau das AK-Konzept!

Haargenau! Gefühl des „Verrats an Anke" sei ein altes Muster, nach dem Motto „ich muss immer folgsam sein" wie es in einem alten katholischen

Kirchenlied heiße. Gestern habe sie sich in der Gemeinde vorgestellt und unterschrieben.

Monikas Fazit: „Der Schuh passt; da brauche ich nicht noch 2 – 3 zu probieren!" Glückwunsch, Monika!

STILLES WOCHENENDE 11.-15. FEBRUAR 2009

Gespräch mit Schwester Teresa: wonach sehnen Sie sich? Wonach suche ich im „gemeinsamen Leben"? Nach Struktur? Was ist Ihnen wichtig? Jagen Sie einem PHANTOM (nicht Ideal) nach?? Beim Lesen der Tagebuchtexte bemerke ich, wie ich der Hauptfrage des Gesprächs mit Schwester Teresa ausgewichen bin, sofort nach „Lösungen" suchte und mich nicht die Bohne dem Inhalt des Gesprächs widmete: es war noch die Rede von „Mietlingen" und anderen Textstellen.

SAMSTAG, 28. FEBRUAR 2009

Jahr 2 des Geistlichen Übungsweges (GÜB) beginnt; Thema war die letzten Male „Freiwerden von allen Festlegungen" wie z.B.

„Freikirchler halten nichts von Liturgie, verstehen sie nicht und sehnen sich auch nicht nach ihr" (Festlegung oder Realität?).

SONNTAG, 1.MÄRZ 2009

Heute Morgen geht jeder zuerst in seine Lieblingsgemeinde: Holger zur EFG, ich zur Alt-*ernativ*-katholischen Gemeinde; evtl. treffen wir uns in der FeG. Die Entscheidung wird schon etwas natürlicher, obwohl das Abwägen – wie meistens – bereits am Samstag begann. Ich glaube, es ist eine gute Übung, auch ein kleines Opfer, dem ich mich stellen will. Sehr gute Entscheidung, stelle ich am Dienstag, 3. März fest: feierlicher Gottesdienst in der Alt-*ernativ*-katholischen Gemeinde.

MONTAG, 9. MÄRZ 2009

Die FeGiG ist für Holger und mich doch eine große Bereicherung geworden; wenn es auch hier – wo nicht – viel „Ungereimtes" gibt, aber darum geht es nicht.

SONNTAG, 5. APRIL 2009

„Nicht das Viel-Wissen sättigt und befriedigt die Seele, sondern das Verspüren und Verkosten der Dinge von innen her". Ignatius von Loyola, Herder 1967

„Halt an, wo laufst du hin?

Der Himmel ist in dir;

Suchst du Gott anderswo,

du fehlst ihn für und für".

Angelus Silesius

Cherubinischer Wandersmann,
Carl Schünemann Verlag, Bremen, Jahr keine Angabe

DONNERSTAG, 14. JANUAR 2010

Ich schreibe mit einem wunderbaren „alt-*ernativ*-katholischen" Kuli. Gestern war ich wieder dort. Es war wie „Nachhausekommen". Michael begrüßte mich herzlich; wir sprachen eine ganze Weile über „Zwiespalt". Später sagte er: „deine Stimme hat gefehlt". Das hat gutgetan. Auch die andern kamen herzlich auf mich zu. Michael erzählte aus einem ökumenischen Arbeitskreis und dass die „Römer" aus einem Konzept, das von einer ev. Pfarrerin erstellt worden war, den Satz gestrichen hatten „man müsse sich als Kirche auch mal in Frage stellen lassen". Da ist es nicht weit her mit praktischer Ökumene.

SAMSTAG, 16. JANUAR 2010

Samstag, Zweifeltag.

Wo gehe ich morgen hin?

Zur FeG, um bestehende Kontakte weiter zu pflegen: mit Ingo zu reden, Bergmanns fragen, ob sie gut nach Hause gekommen sind (also soziale Kontakte pflegen), mit Holger gemeinsam gehen (um etwas Gemeinsames zu machen)???

ODER

Zu den Alt-*ernativ*-katholiken, weil ich den „Trost der Schönheit" erlebe, die „Struktur der Liturgie", das alt-

ernative Katholisch-Sein, die Gemeinschaft in der Anonymität, die Anonymität in der Gemeinschaft, die Weihnachts-Atmosphäre, die Ikonen, die Kerzen, die freundlichen Menschen, hier wie dort,

ODER

Bleibe ich gleich ganz in der Stille des Morgens hier zu Hause mit den Gedanken der Woche, des gestrigen Abends (geselliges Beisammensein), der Tolstojschen Literatur und Biografie? Jetzt erstmal Lesezeit mit Lew Tolstoj – Dichter, Religionsphilosoph und „Ketzer der Ostkirche".

Alternativ evangelisch

Alt-*ernativ*-katholisch

Ein Vergleich

Ich will mir einen Kirchenbesuchsplan erstellen:

Alt-*ernativ*-katholische Gemeinde

FeG

Frei/Stille

Es muss ein Plan werden, den ich nicht sonntäglich neu erfinden muss.

SONNTAG, 14. FEBRUAR 2010

Heute geht wieder jeder „seiner Wege" hinsichtlich der Gottesdienste. Ich gehe heute zur FeG, obwohl weder Ingo noch Tanja predigen, FeG ist „dran" für mich im „religiösen Ritual-Rhythmus". Das werde ich ändern. Ich will hören, wie Ingo und Tanja predigen, nicht Evangelikale. Dann freue ich mich schon wieder auf meine Lese-Bank, mein Lesen, Z.Z. lese ich 5 Tolstoj-Bücher gleichzeitig……vor allem Erinnerungen der Gräfin A.A. Tolstoj, Alexandrine. Sie kommt m.E. der lutherischen „Hermannsburger Theologie" nahe in dem, was ich bisher gelesen habe: gebildet, weltoffen und fromm.

(...)

Zuerst langes Gespräch mit Ingo über den Stand des Studiums, FeGiG, Evangelisation usw. Tanja kommt nach einer Weile hinzu und es entspannt sich Gedanke um Gedanke, bis Tanja fragt, ob Ingo und ich nicht mal „was zusammen machen wollen". Ingo springt sofort darauf an: Freitagabend bspw. etwa alle 4 Wochen…und was ist mit der Ikone, fragt Ingo. Schon gekauft, sage ich. Tanja mahnt das Sonntagsbegrüßungsfest an und bittet mich beim Verabschieden, doch noch so lange in der FeG zu bleiben wie sie beide. Und ich bitte sie beide, noch so lange zu bleiben, wie ich lebe. Wir verabschieden uns herzlich. Ist eine neue Idee geboren?

MONTAG, 15. FEBRUAR 2010

Es ist immer wieder ein gutes Gefühl zwischendurch, an die Alt-*ernativ*--Katholische kleine Gemeinde zu denken; ich freue mich darauf, sie Mittwoch zu sehen, – das Aschekreuz am Mittwoch, die Natürlichkeit, mit der die Alt-*ernativ*-katholische Gemeinde die weltlichen Genüsse konsumiert USW. Sollte ich wirklich wieder in die Mitarbeit einsteigen? Taizé-Gebet in der FeG mit Ingo gemeinsam anbieten? Was ist, wenn sie gehen?

FREITAG, 19. FEBRUAR 2010

Gestern Meditation in der Alt-*ernativ*--katholischen Gemeinde über das Hungertuch von Misereor. Es war eine kolossale Bereicherung und ich war so froh, dass ich gegangen war, obwohl ich vorher den Kampf hatte: gehen, ja nein ja nein ja!

MITTWOCH, 10. MÄRZ 2010

Sehr schönes Taizé-Gebet in der AK. Mich beschäftigt, warum ich mit Ingo, der vielleicht schon im nächsten Jahr fort geht, hier in der FeG ein Taizé-Gebet beginnen will. Worum geht es? Um es für mich nochmals klar auszudrücken: z.Z. sehe ich zwei kleine Gemeinden, die jeweils viel von meinen Wünschen leben, aufwachsen.

Gemeinsamkeiten:

Einfachheit

Unkompliziertheit

Unkonventionalität

Alles im Aufbau

Beziehungsbeginn

Möglichkeit der Mitgestaltung/Mitarbeit

Unterschiedlichkeit:

FEG: meine Geschichte und Herkunft

Alt-*ernativ*-katholische Gemeinde: meine neue (seit 30 Jahren!) Frömmigkeit.

Die Bedingungen sind in beiden Gemeinden gerade im Aufbau und positiv zur Mitgestaltung...

Vielleicht will ich diese Chance nicht vertun. Habe ich mir nicht ähnlich „locker" Gemeinde gewünscht? Und ist nicht Gelegenheit zur Mitarbeit in beiden?

Ich brauche beide

Ich will beide

Evangelisch und katholisch

Wie viel Mitgliedschaft braucht der Mensch?

MITTWOCH, 17. MÄRZ 2010

Schade, dass ich heute nicht zum Mittwoch-Gebet war. Zwar war ich noch unentschlossen; selbst als ich zu Hause ankam. 18:50h: eh zu spät für die Kreuzwegandacht; obwohl ich ständig dran denke, u.a. an die Freude, die das Treffen bewirkt. SO ETWAS haben wir in der FeG nicht. Dort haben wir Beziehung, oft auch intensive; darüber hinaus aber nichts Regulierendes und Stabiles wie eine Liturgie.

Das fängt ja gut an: Bruder Konrad teilt eine Karte aus: Der Gekreuzigte umarmt die beiden Kreuzestheologen Bernhard von Clairveaux und Martin Luther (Bronze von Werner Franzen 1986/87, Altenberger Dom; Sinnbild des guten Miteinanders):

Katholisch und Evangelisch, das ist doch genau mein Thema!

Herr, das ist es doch, was ich wissen will; wie gehört es für mich zusammen?

Nun bin ich aber gespannt auf dieses Wochenende, zu dessen Verlauf ich so gar keine Erwartung hatte. Ich bin innerlich total gelassen und fröhlich, auch dass…irgendwie bin ich inzwischen doch sehr müde, wenn auch der Einstieg so gut war oder gerade WEIL??

21:30h; ein reicher Tag geht zu Ende. Evangelisch & Katholisch. Das haben scheint`s – natürlich – auch schon andere durchlebt und durchlitten. Zurzeit scheint es MEIN Thema zu sein. Die Bronze bringt beide zusammen; Katholisch & Evangelisch, Bernhard & Martinus; Gott meditierend suchen & Gott über den Verstand suchen.

Gegenüberstellung Bernhard und Martin

(...) ???

Evangelisch & Katholisch

Br. Konrad (evangelisch.-lutherisch, Prior) & Sr. Hildegard (röm.-katholisch, Priorin)

FREITAGMORGEN, 19. MÄRZ 2010, IMPULS SR. TERESA

Was will ich in diesem Jahr in der FeG, was in der Alt-*ernativ*-katholischen Gemeinde für mich herausbekommen? Gibt es ein Entweder Oder? Oder ist die Gültigkeit beider Gruppen genau das, was nötig ist? Ist dies ein Gespräch mit Bruder Konrad wert? Oder kann ich das mit Hanna, Heinrich, Charlotte, Michael und Ingo besprechen? Einen Impuls zum persönlichen

Gespräch habe ich diesmal nicht, auch lasse ich das 15h-Gebet ausfallen...zu viele Aktionen für mich...

SAMSTAGVORMITTAG, 21. MÄRZ 2010, IMPULS SR. TERESA

Die Kreuzigung Lk. 23, 33-49

Wo ist mein Platz unter dem Kreuz? Was nehme ich wahr? Wenn ich unter dem Kreuz stehe? Usw. (...) Vorbereitung Gespräch mit Sr. Teresa, um das ich heute Morgen bat.

Es scheint doch alles so einfach zu sein: ökumenische Geschwisterschaft

Evangelisch & katholisch

Bruder Konrad & Schwester Hildegard

Gottesdienst & Messe

Abendmahl & Eucharistie

Luther & Bernhard

Warum ist das ökumenische Leben für mich so problematisch? Es KANN doch schon so viel Ökumene gelebt werden. Hier in Gnadenthal ist es möglich,

„volle Kirchengemeinschaft (Full Communion) (zu haben), (sie) verlangt von keiner Kirchengemeinschaft die Annahme aller Lehrmeinungen, sakramentalen Frömmigkeit oder liturgischen Praxis, die der anderen eigentümlich ist, sondern schließt in sich, dass jede glaubt, die andere halte alles Wesentliche des christlichen Glaubens fest" (…).

Gemeindebrief AK Düsseldorf, März bis Mai 2010.

Ist es bei mir das Problem der

Mitgliedschaft (wo bin ich verortet?)

Der Ehe; weil ich Holger und mich wirklich als Konfessions – verschieden bezeichnen kann

Unverbindlichkeit; weil ich mich eh ungern länger festlege und meine Freiheit will & brauche.

WIE sieht dann Ökumene bei mir persönlich aus; wie kann ich darin froh und ruhig werden? Kann denn ein Mensch evangelisch & katholisch sein? Eine Kommunität kann das. Wie ist das aber mit einer Seele? Wie viel Mitgliedschaft braucht der Mensch? Wie viel Ökumene braucht der Mensch?

Gespräch mit Schwester Teresa

Thema Mitgliedschaft

Nach Ignatius: eine Wahl treffen

d.h. wenn ich keine Wahl treffe, bleibe ich ohne Wirkung. Wohin zieht mich mein Herz? Treffe ich diese Entscheidung nur nach dem Herzen? Ist Herz noch mehr als Verstand? Wohin zieht es mich? Welche Lehrmeinungen muss ich klären? Oder nicht? Entscheide ich nach dem Herzen? Wie sonst?

Ein wunderschönes Sonntagsbegrüßungsfest liegt hinter mir. Und wieder habe ich phantasiert, mit wem wir es zu Hause feiern könnten. Das Gespräch mit Sr. Teresa hat eine große Freude ausgelöst. Ich glaube, ich muss hier einen Schritt alleine gehen: Ehe (am Rande) mit bedenken. Es geht zunächst um meine Entscheidung, damit ich auch mitgestalten kann. Sr. Teresa ist der Meinung, dass ich die Entscheidung bis Juni 2010 getroffen haben kann. Nach welchen Kriterien entscheide ich? Nur nach dem Herzen? Warum? Wenn es nicht um ein Amt geht, wie bei mir, sei die Trennlinie ist nicht so scharf.

Nachgespräch mit Bruder Konrad

das Herz befragen

nachdenken: was ist unaufgebbar?

Noch ein paar Takte lesen von „von der Minde"...

Vereinbarung zwischen der Evangelischen Kirche in Deutschland (EKD) und der Alt-Katholischen Kirche in Deutschland (AKD) aus dem Jahre 1985:

„Die bisher festgestellten grundlegenden Übereinstimmungen erlauben uns, die Glieder unserer Kirchen gegenseitig zur Teilnahme an der Eucharistie einzuladen. Durch diese Einladung wollen die beteiligten Kirchen dem Gebot Jesu Christi gehorsam sein, dass seine Kirche einig und eine sei. Indem sie ein Zeichen dieser Einheit setzen und einen Schritt auf diese Einheit hintun, bezeugen sie vor aller Welt den dreieinigen Gott als den einzigen Herrn." (...)

„Sie stellt fest, dass die in den beteiligten Kirchen vorhandenen Ordnungen für die Ausübung des pfarramtlichen Dienstes und des Gemeindelebens in Geltung bleiben". Ebd., S. 172, Hannover, den 29. März 1985

PALM-SONNTAG, 28. MÄRZ 2010 –

Schon seit Mittwoch freue ich mich auf heute, Sonntag, weil ich mich auch in die Liste für Donnerstag, Gründonnerstagfeier und Ostersonntag eintragen möchte.

Ich freue mich auf:

Den Gottesdienst

Die Lieder

Die Liturgie

Den Friedensgruß

Die Begegnungen

Die Wirkung auf mein Herz

Die Freude

Die Erfüllung

Die Gemeinschaft

DAS ALLES ZIEHT MICH HIN

Ich habe schon so viel gefunden.

Was wird mir heute in der Stille klar werden? Ich bin gespannt und freue mich, will Unterschiede auch spüren und wahrnehmen.

Schönen Sonntag dann!

Mit einem Passionslied auf den Lippen und glücklich im Herzen bin ich von der Eucharistie-Feier bei den Alt-*ernativ*-katholiken zurückgekehrt. Warum? Warum so fröhlich und glücklich? Was habe ich gehört? Was habe ich gesungen? Was habe ich geredet? Was habe ich erlebt? Was habe ich weitergegeben? Ich spüre ein Lachen und Fröhlichsein in meinem Herzen und Sinn, Freiheit der Person und Akzeptanz. Kann man glücklicher sein? (...) Ich fühle mich so wohl in dieser Liturgie, in dieser Frömmigkeit; fühle mich auch jetzt so gestärkt, beflügelt und fröhlich.

MONTAG, 29. MÄRZ 2010

Ein wunderschönes Wochenende liegt hinter mir. Habe mich für alle Osterveranstaltungen in der Alt-katholischen Gemeinde angemeldet und freue mich sehr darauf.

GRÜNDONNERSTAG, 1. APRIL 2010;

20 Uhr gemeinsame Abendmahlsfeier der evangelischen Kirchengemeinde und der Alt-*ernativ*--Katholischen Gemeinde

GRÜNDONNERSTAG, 23:40Uhr

Es war Gründonnerstagfeier, so wie ich es in der Kommunität Imshausen erstmals erlebte. Jetzt ist es also doch endlich „vor Ort" möglich. Das habe ich 30 Jahre lang gesucht und in diesem Jahr gefunden! Eben war einer meiner ersten Gedanken: nie mehr möchte ich über Ostern wegfahren und so eine schöne Feier versäumen: Kidduschsegen, Erzählung der Haggadah, Hallel, Dankgebet für die Befreiung und Gloria, Eucharistiefeier, Essen des Osterlamms, Abschluss des Abendmahles. Pessach, „Teile des Sonntagsbegrüßungsfestes" versuche ich Holger zusammenfassend zu erklären. Ich bin noch so gefüllt von diesem wunderbaren Erleben. Da möchte ich das nächste Mal auf jeden Fall auch mitmachen. Die vielen, die nach mir gekommen sind, waren teilweise eifrig dabei: Veronika, Tina, Hubert, Verena (damals noch Frau Sowieso), die mittwochs immer kommt, weiter: Jakob, Monika, der Junge, der durch Verena mitkam undundund Bei ihnen allen hat sich was getan, sie haben sich anrühren lassen; was mache ich mit meinem Angerührt sein? Relativiere ich wieder alles in Grund und Boden? Zu Beginn hat Michael ein wichtiges Wort gesagt zur Liturgie: er habe gelernt, in der Liturgie dürfe man alles falsch machen, man solle nur nicht in Hektik verfallen. Vielleicht ist das das Geheimnis der Liturgie??

Es hat die Qualität von Kloster Gnadenthal und der Kommunität Imshausen! Was will ich mehr?

Was diese Art Liturgie bewirkt, erlebe ich im freikirchlichen Raum nicht: die innere Tiefe der Stille und Befried(ig)ung, die Ruhe, das Leben. Klar, auch redete ein Teil im Gemeinderaum nebenan, diskutierte gar „über die Wurzeln im Judentum" – für mich unerträglich, aber in der Kirche war Stille und Gebet.

KARFREITAG, 2. APRIL 2010, 9:47UHR

In mir arbeitet es: warum können die andern so leicht die Entscheidung der Mitgliedschaft treffen? Was zieht mich dort an? Wo gibt es auch Minuspunkte? Ich möchte wieder aktiv wozu gehören, was mir in tiefster Seele entspricht. Stark bewegt hat mich, wie am Ende der ökumenischen Abendmahlsfeier alles Schmückende und „Schützende", z.B. die Tische, hinausgetragen wurden. Dichter Moment: Gedanke: das ist es, was ich befürchte, es ist das Ende, der Tod, alles verstummt:

Der Trost der Schönheit

Die Kerzen

Die Blumen

Die Tischdecken

Die Tische

Die Dekoration

Das Eucharistie-Geschirr

kreative Gestaltungshilfen

Nackt sind wir gekommen, nackt werden wir gehen.

In mir ist so eine große Stille und Freude.

OSTERNACHT

Nun ist es soweit. Die Osternacht hat begonnen. Der Schlaf war mittelmäßig, mehr schlecht als recht. Schließlich muss ich doch eingeschlafen sein. Um 4Uhr der Wecker; nicht ganz so brutal und unausgeschlafen wie in Imshausen wühle ich mich aus den Kissen. Bin schon angezogen, Gymnastik absolviert, Holger kurz begrüßt, Müsli gegessen. Ich bin schon ganz aufgeregt. Auch in Imshausen feiern sie jetzt und auf der ganzen Welt. Ich werde bald losfahren und meine 1. alt-katholische Osternacht erleben. Vielleicht waren es doch schon mehrere? Immerhin haben die Imshäuser Teile aus der katholischen Liturgie übernommen. Ich bin ja so gespannt! „Mein Imshausen und Gnadenthal" nach 32 Jahren „vor der Haustür"!!

SONNTAG, 13. JUNI 2010

Ingo hat seine Austrittserklärung für die FeG vor 2 Wochen tatsächlich abgeschickt. Er soll jetzt noch ein Gespräch mit einem Ältesten „bekommen". Ich finde es eine tolle Leistung von Ingo; er wirkt auch total erleichtert, glücklich, gestärkt und wieder viel fitter. Jetzt hat er dasselbe Problem wie ich mit einer möglichen Beerdigung im konfessionslosen Raum. Der Entschluss, wieder in die ev. Landeskirche einzutreten, steht für ihn möglicherweise fester als der meinige zum Eintritt bei den Alt-*ernativ*-katholiken.

MITTWOCH, 7. JULI 2010

Mit Holger und Michaela abends zur Taizé-Andacht. Holger sagte, während wir die Fahrt von der S-Bahn zur Gemeinde klärten „DEINE GEMEINDE" (zum ersten Mal). Das tat gut. Ikonen und Kerzen.

Bevor der Urlaubs-Eindruck verblasst: in Italien hatte ich mich gefragt, worauf ich mich zu Hause freue...auf welche Gruppe, welche Menschen. Und wer war`s? Natürlich die Alt-*ernativ*-Altkatholiken! Ich freute mich auf den Austausch mit Klara, Dora, Carmen, Michael und wie sie alle heißen. Sie alle würden mein Erleben in den Franziskaner-Klöstern verstehen, anhören, nicht als „katholisch" abtun. Auch würde ich hier wieder vorfinden, was ich im Urlaub – zwar nur schmalspurig – hatte: Kerzen, Ikonen, Gemeinschaft (nicht schmalspurig), Kirchengeschichte, Kultur, Bilder, Liturgie usw. Das könnte nun der Anstoß gewesen sein, mich den Alt-*ernativ*-katholiken anzuschließen, verbindlich.

Begegnung auch mit Edeltraud und Igor im Urlaub, die sich als Freikirchler dennoch einer römisch-katholischen Bewegung angeschlossen haben

DIENSTAG, 13. AUGUST 2010

MAIL VON INGO

„Katholisches Leben ermöglicht mir, in der Feier der Eucharistie usw. lebendig Anteil zu haben am Handeln Gottes, an der Gemeinde und am Einzelnen. Die Sakramente wirken. Ich muss mich denen aber auch beständig aussetzen – also kann der Besuch der Messe auch zum Stressfaktor werden. Liegt nur woanders, als bei den Evangelikalen. Lutherisch läuft es m.E. auch stark über den Ritus, mehr vermittelt noch über das Wortgeschehen in der Predigt. Aber das sind allenfalls Nuancen im Vergleich zur katholischen Welt (m.E.)"

MONTAG, 23. AUGUST 2010

Christ wird man mit der Taufe. O-Ton Alt-Bischof Joachim Vobbe, Brot aus dem Steintal, Bischofsbriefe, Alt-katholischer Bistumsverlag, Bonn, 2005, S. 23

Mein Prozess, Mitglied bei den Alt-*ernativ*--Katholiken zu werden, gerät ins Stocken.

Gelernt (evangelikal) — allerdings seit ca über 30 Jahren durch Bekanntwerden mit der lutherischen Lehre relativiert - habe ich „von Geburt an": gläubig wird der Mensch durch eine aktive Entscheidung, eine bewusste Hinwendung zum Herrn. Es gibt ein „Vorher" und ein „Nachher".

Lutherisch sah die „Bekehrung" dann so aus: Gott macht ein Angebot. Der Mensch, die Eltern und Paten, taufen das Kind; damit wird es Mitglied der Kirche. Der Auftrag an die Eltern und Paten lautet dann: erzieht das Kind in diesem Sinne!

Die Alt-*ernativ*-katholiken sagen: mit der Taufe wird der Mensch Christ; im Sinne, nun lebt auch so, also auch lutherisch?? Wo ist da der Unterschied. Ich will die theologische Auseinandersetzung einfach nicht mehr: Ich weiß, woran ich glaube!

MAIL AN INGO: SICH DEN SAKRAMENTEN AUSSETZEN

In Sachen alt-*ernativ*-katholisch…

Reaktion auf Mail Ingo:

Klar, muss ich mich ständig aussetzen:

Bei den Alt-*ernativ*-katholiken den Sakramenten,

bei den Lutheranern, Gnadenthalern, Imshäusern, Taizé-Geschwistern den Tageszeitgebeten; nur, dass der „neue Stressfaktor" als wahrer Takt- und Sinngeber wirkt: hier erneuert sich alles, im Unterschied zum Stressfaktor „Aktivismus für Gott und selber machen, leisten etc.". Bei Messe, Liturgie und Tageszeitengebet setze ich mich aus und werde beschenkt ohne Ende. Daran gibt es für mich keinen Zweifel und das macht für mich den großen Unterschied aus.

Lieber Holger,

ich schreibe Dir jetzt eine Mail. Als Du Samstag sagtest, dass wir doch erst das 1. X über meine Mitgliedschaft reden, wurde mir bewusst, dass ich „innerlich" wohl schon viele Gespräche mit Dir geführt hatte. Ja, ich möchte nach 9 Jahren „Konfessionslosigkeit" wieder zu einer Gemeinschaft gehören, deren Frömmigkeitsstil mir nunmehr seit 30 Jahren bekannt, vertraut und lieb ist; den ich gesucht und gefunden hatte. Stark geworden genau in diesem Glaubensstil, sehe ich meine 9jährige Mitgliedschaft in der EFG als Anpassung, die ich mir zutraute und die in meinem harmonie-liebenden Charakter lag. In meinem Credo hat sich nichts geändert! In der Alt-*ernativ*-katholischen Gemeinde fand ich die geistliche Heimat und Weite als Orts-Gemeinde, die ich in Imshausen, Gnadenthal, in gewisser Weise in Hermannsburg, vielen Kommunitäten, Kirchentagen usw. als Bewegung und Organisationen bereits schätzen gelernt hatte. Hier teilen wir Gemeinsames, feiern jeden Gottesdienst, verstehen einander, reden offen miteinander; hier fühle ich mich willkommen und wert geschätzt. Hier möchte ich alt werden und sterben. Ich erlebe ältere Geschwister, ich erlebe ihre innere Freude, ihren Glauben, und ihre Vorbereitung auf ihr Ende, ihre ungebrochene Lebens- und Feierlust (...). Ich profitiere seit 4 Jahren vom Leben dieser Kirchengemeinde und will das auch äußerlich klären und ordnen.

Deine Reinhild

DIENSTAG, 14. SEPTEMBER 2010

Ein außerordentlich intensiver Tag gestern. Nachdem ich die Mail an Holger geschrieben hatte, überkam mich ein großer Schaffensdrang. Dann später die positive Reaktion Holgers auf die Mail. Welche Kräfte wurden da frei!

Charlotte bringt die Dinge auf den Punkt: du kannst deswegen wieder ab und zu zur EFG mitfahren, weil du jetzt einen „Schutz" hast durch die Mitgliedschaft bei den Alt-*ernativ*-katholiken. Sie kann immer alles sofort gut benennen und einordnen. Sie hat sich wirklich gefreut, dass es „mal nichts Freikirchliches" ist, was so wenig Struktur, schon gar keine wohltuende entlastende Liturgie und Theologie hat. Ihre Mitfreude hat mich so sehr gefreut.

Ich BIN weiter.

Heute habe ich Michael gesagt, dass ich Mitglied werden will. Als er gerade mit dem Motorrad vom ACK (Arbeitskreis Christlicher Kirchen) ankam, habe ich ihm sofort gesagt, dass ich meine Taufbescheinigung bei mir habe. „Nä, echt? Super! Ja, reden wir nach der Lichtvesper drüber". Ich bin noch in Höhenflügen. Jetzt werde ich alt-*ernativ*-katholisch; bin es eigentlich schon längst. Mein bisher Geglaubtes und Gelebtes bekommt nun endlich ein äußeres Pendant. Wie wohl ich mich fühle! Hanna, Charlotte, Ingo, Heinrich, Tanja, Sr. Teresa, Br. Konrad, Michaela; sie alle werden sich über meine Entscheidung freuen, ach, und Dora, Edda, Carmen, Barbara, Hubert, Monika, Elena, Karl, Michaela und Jana, Iogo, Markus & Anna und wie die Lieben alle heißen.

Ich freue mich.

SONNTAG, 3. OKTOBER 2010

Am letzten Mittwoch war ich das 1. Mal nach meinem „erklärten Eintritt in die Alt-katholische Gemeinde" dort; gefühlt kein Unterschied; eher Bestätigung, Freude, angenommen sein. Heute freue ich mich wieder besonders auf den Gottesdienst:

Ganz vorne an:

die Liturgie

die Lieder

die Symbole

Die Menschen

Der Sonntag

Meine Kreativität

Meine sprudelnden Ideen

Ingo ist am Freitag wieder in die evangelische Kirche eingetreten; wie schön, dass wir an diesem Tag Ingo und Tanja nach dem Erzählabend zum Glas Wein bei uns hatten: eine indirekte Wiedereintrittsfeier?

Holger nahm Ingos Reden über seinen Kircheneintritt ganz gelassen auf.

MITTWOCH, 13, OKTOBER 2010, 19:29 UHR

Habe es heute nicht geschafft, zur Alt-*ernativ*--katholischen Gemeinde zu gehen. Bin entsprechend traurig. Begab mich dann zu Hause mit Kerze, Taizé-Liedern und abgeschalteten Handys in die Stille; es ist nicht dasselbe.

SONNTAG, 24. OKTOBER 2010

Schönes Wochenende mit Hanno. Er ist auch der Anlass, dass ich nach 1 3/4 Jahren mal wieder mit zur Baptistenkirche fahre. In der FeG findet Nichts statt. Es ist so am unkompliziertesten. Ich bemerkte, wie ich mir vor dem Godi wieder Gedanken über meine Kleidung machte; was ich in der AK nie mache. Dort ist einfach alles stimmig und richtig; ich muss keine Rolle spielen, bis hin zur Kleidung. Entschieden und deshalb ich eins mit mir, machten wir uns zu dritt auf zur EFG. Viele fragende Gesichter; auch freundliche Ansprachen. Zwischenmenschlich könnte man sich mit dem ein oder anderen unterhalten, sich erkundigen, Interesse zeigen, was immer geht und ankommt. Kurz Zwiespälte zwischen Anknüpfen an Vertrautes versus Vergangenheit erleben und belassen. Dann wenden wir uns wieder Hanno und der Gestaltung bis zur Abfahrt zu. Es geht zum Rhein, danach macht Holger ein kleines Päuschen, ich liege auf der Bank, schlafe auch kurz ein, plaudere danach noch locker mit Hanno. Das ist sehr schön! Er erzählt und hört zu. Er ist so ein ausgeglichener und fröhlicher Junge. Ich wünsche ihm so, dass er seinen Weg gut macht. Wir bringen Hanno im Regen zur Bahn. Jana wird unterwegs zusteigen.

SONNTAG, 31. OKTOBER 2010

Erster Reformationstag als Alt-*ernativ*-katholikin

„Ein feste Burg ist unser Gott" (Martin Luther EKG 1958)

ich bin lutherisch in tiefster Seele

und alt-*ernativ*-katholisch in tiefster Seele

vom nüchternen Intellektuellen habe ich genug;

die Inspiration kommt derzeit aus dem Alt-*ernativ*-katholischen für mich

Reformations-Gottesdienst: Zu viele Worte, brauche sie nicht mehr, schweife ab

...so glauben wir vernünftig und fromm

AMEN

MONTAG, 1. NOVEMBER 2010, ALLERHEILIGEN

Wieder ein Highlight auf dem Weg in der alt-*ernativ*-katholischen Gemeinde: Gedenk-Gottesdienst im Kolumbarium. Kleiner, in Hellgrün gehaltener Raum, viele Menschen sind gekommen. Beim Einparken treffe ich Barbara. Sie fühlt sich bei „Frankenheim" scheint`s wie zu Hause: „ich war schon 4 Mal hier" erzählt sie. Vor einem Jahr hat Barbara ihre Mutter verloren. Sie ist aber nicht im Kolumbarium, sondern hat eine

Erdbestattung. Elena kommt; sie hat die Liederbücher dabei. So allmählich merke ich, dass es eine Veranstaltung „von uns" ist, den Alt-*ernativ*-katholiken. Und als Michael als Pastor fungierend verkündet „wir, die Altkatholiken, sind Träger des Kolumbariums" ist mir deutlich, dass wir hier ein Heimspiel haben. Es wird alles vertrauter und angenehmer. Nach der Predigt vor der Eucharistie gibt es eine Prozession nach unten ins Kolumbarium. Das ist eine neue Erfahrung für mich.

Schreibpause –

Nach Beschäftigung mit diesem Thema denke ich als nächstes daran, dass ich gerne in einem Kolumbarium trauern würde. Neues und wertvolles Gedankengut macht sich breit. WIR, die Altkatholiken, sind in Trägerschaft des Kolumbariums.

SONNTAG, 14. NOVEMBER 2010

Katholischer Gottesdienst...so wird meine Seele gesund. In einer Woche teile ich dem Kirchenvorstand der Alt-*ernativ*-katholiken mit, dass ich alt-*ernativ*-katholisch sein will. Ich freue mich drauf.

SAMSTAG, 20. NOVEMBER 2010

MORGEN WERDE ICH ALTKATHOLISCH

...wie`s Kind zur Weihnachtsgabe... freue ich mich drauf

Aber heute

SONNTAG, 21. NOVEMBER 2010

Es ist eine ganz andere Welt, in die ich heute eintauche, die ich mit Hanna, Charlotte, Ingo und Heinrich teile und mit vielen neuen

AK-Glaubensgeschwistern. Ich bin gespannt. Es ist MEINE Gemeindeform (Alte Kirche). Hier erlebe ich Stille, Stärke und Freude die Fülle. „Auf denn alle, die ihr durstig seid", die Bibel.

MONTAG, 22. NOVEMBER 2010

„Reinhild Löding-Ehrenstein stellt sich vor. FRÜHER FREIKIRCHLICH.", das war alles, was die neben mir sitzende Protokollantin in ihrem Buch vermerkte. Jetzt bin ich drin und es erzeugt eine große Freude in mir. Ich wurde sehr herzlich aufgenommen und ich konnte auch etwas aus meiner Biografie erzählen. Mein 1. und Hauptgrund: Hier finde ich in einer Ortsgemeinde, was ich seit 30 Jahren nur in Kommunitäten und überregionalen Gruppen gefunden habe:

Liturgie zuerst

Ökumene

Synodalität

Akzeptanz

Positive Altersvorbilder

Entlastende Theologie

Unorthodoxe Biografien

Kurze Predigten

Identität

Authentizität

Ich kann so sein, wie ich bin

So will ich sterben

Irgendwie freue ich mich heute ganz besonders auf das letzte GÜB (Geistlicher Übungsweg)-Wochenende in Gnadenthal. Hier ist und bleibt ein überdauernder Ort als geistliche Heimat, die ich aber auch jetzt vor Ort, endlich als Ortsgemeinde, in der Alt-*ernativ*-katholischen Gemeinde gefunden habe. Ich bin angekommen und das fühlt sich gut an.

Heute Abend schöne Taizé-Feier, anschließend „Raum-Zeit"; eine alt-*ernativ*-katholische Veranstaltung, wo Raum und Zeit ist für Kritik, Lob etc., damit „auch Römer", natürlich auch alle anderen, lernen, zu der eigenen Meinung zu stehen und so nach und nach die Ängste vor Bestrafungen abzulegen. Schriftliche Eingabe von Kommentaren bitte möglichst mit Angabe des Namens erwünscht; auch für ehemalige Freikirchler ein gutes Übungsfeld.

Frage 1 Ob auch ab und zu mal in der Eucharistie-Feier Saft angeboten werden soll, damit alle teilnehmen können

Frage2

Ob der Name des Liturgen im Gemeindebrief angegeben werden sollte

USW

Kurz vor 21h muss ich gehen und bin froh, dass ich morgen nach Gnadenthal entfleuche und diese

Alternative trotz Mitgliedschaft bei den Alt-*ernativ*-katholiken habe. Diskussionen obiger Couleur strengen mich nach wie vor an; ich will mich ihnen aber in Zukunft stellen, wo es nötig ist.

DONNERSTAG, 25. NOVEMBER 2010

Angekommen

Ich bin so ganz besonders fröhlich: mit diesem Wochenende geht mein GÜB zu Ende und ich habe am Wohnort eine geistliche Heimat gefunden: zum ersten Mal seit ich nach Gnadenthal komme; und das ist gut 25 Jahre her. Das Schöne ist auch, dass ich von der neuen geistlichen Heimat vor Ort zu der Gnadenthaler geistlichen Heimat fahren kann, die für mich überdauernd und hintergründig ist. Oftmals war der Satz Bruder Philipps, den er vor Jahren einmal gesagt hatte, eine Ermutigung für mich „denken Sie immer daran, Sie haben noch ein Haus in Gnadenthal"; immer und immer wieder habe ich es als Heimat erlebt und erinnert. Andererseits habe ich auch bemerkt, dass ich auch bereits vor gut 25 Jahren in die Alt-*ernativ*-katholische Gemeinde hätte eintreten können, hätte ich sie denn gekannt!! Seither ist mir alles wichtig, was und wie hier in Gnadenthal Glaube gelebt wird. In der Altkatholischen Gemeinde habe ich erstmals eine Ortsgemeinde gefunden, wo ich „vor Ort" die Dinge leben kann, die mir sonst nur an Orten wie Gnadenthal oder Imshausen möglich waren. Ob ich mein ökumenisches Wanderleben nun ein wenig aufgebe? Dennoch freue ich mich so sehr, dass ich heute hier bin, an dem Ort, der über Jahrzehnte für mich Stabilität bedeutete: dieser Ort existierte für mich lange vor der Alt-*ernativ*-katholischen Gemeinde, vor der EFG und wird jetzt, da ich alt-*ernativ*-katholisch bin, für mich weiter das sein, was es immer war: geistliche Heimat.

DONNERSTAGABEND

Zum ersten Mal habe ich mich vorgestellt als „aus der Fülle kommend". Dieser Satz fiel mir ein, während die andern erzählten, aus welchem Stress sie kommen, aus welchen Aktivitäten, Ämtern und Verpflichtungen. Das habe ich nicht alles hinter mir, aber ich habe jetzt etwas Anderes gesehen. Außerdem legt „mein Pastor" als höchste Priorität Wert darauf, dass die Liturgie „in Ruhe" verläuft, bar jeglicher Hektik. Ich glaube, das zeigt Wirkung. Eben bei der Vorstellungsrunde bemerkte ich, dass die meisten, die hier abgehetzt herkommen aus evangelischen Freikirchen kommen. Diese Kirche hat in punkto Stille (für mich) einfach nichts anzubieten (ich habe es dort nicht erlebt, so wie an anderen Orten). Sie läuft teilweise Werten nach, die nicht von innen sättigen: sie tun und tun und tun und tun; rasch noch eine Complet beten, schon sind alle wieder weg. Für den ersten Abend nicht ungewöhnlich, aber es fiel mir auf, dass auch Stille einfach nur konsumiert werden kann UND habe ich es selber nicht genauso gemacht??

RAUS AUS DEM GEHÄUSE

Jesus schickt die Jünger zurück nach Jerusalem, an den Ort ihrer Enttäuschung. Hier sollten sie warten auf die Verheißung. Wenn ich heute – als frisch gebackene Alt-*ernativ*-katholikin – etwas vom Zurückgehen in die Heimatgemeinde, wo man hergekommen ist, lese, ist das für mich keine Frustration mehr im Sinne von „wohin denn gehen?" (wie die ganzen vielen 25 Jahre lang!!!). Da gab es lange Zeit keinen Ort, den ich als solchen erlebt hätte, wo ich hätte „hingehen" können, sondern viel Leere und Einsamkeit und das bei aktiver Mitarbeit. Das hier geht tiefer. JETZT: freue ich mich auf Mittwoch, die Lichtvesper, die Gottesdienste, das neue Kirchenjahr, die Alt-*ernativ*-katholischen Geschwister, die Eucharistie, die Taizé-Gebete. Ich kann jetzt gut hier (von Gnadenthal) weggehen, weil ich jetzt auch einen äußeren Ort der Zugehörigkeit habe. Für mich hat sich im Erleben gar nichts geändert hier in Gnadenthal.

Impuls: Es geht nun raus aus meinem Gehäuse; ich will Türen und Fenster öffnen

Impuls: licht werden, nicht: ich scheine, sondern: ich werde angeleuchtet

Impuls: Mein Zurückgehen (nach Jerusalem), woher ich komme, ist hell geworden

Impuls: Gott will Mensch werden auf „Menschen Art"

Heute habe ich auch endlich das Gedicht gefunden; mit diesem Gedicht auf den Lippen bin ich in die Altkatholische Gemeinde eingetreten:

Es ist von Matthias Claudius und MEINE Zeile lautet:

„Ich danke Gott, und freue mich

Wie´s Kind zur Weihnachtsgabe,

Dass ich bin, bin! Und dass ich dich,

Schön menschlich Antlitz habe"

Katharina Schridde (Hg.), Ich danke Gott und freue mich, Präsenz, Hünfelden 2010

SONNTAG, 13. FEBRUAR 2011

Heute war ich zum ersten Mal Messdienerin: eine völlig unkonventionelle und freie Gestaltung innerhalb der Liturgie. Auch Unsicherheiten werden vollkommen von der Liturgie getragen und aufgefangen.

Voller Freude wie immer war ich zur Eucharistiefeier gekommen. Allerdings hatte ich mir heute vorgenommen, mal ganz hinten in der letzten Reihe Platz zu nehmen. Ich möchte einfach nicht in eine neue alte Rolle von Tradition hineinkommen. Zwar habe ich einen Lieblingsplatz, weil ich von dort aus alles am besten sehe. Aber diesen – er liegt in der ersten Reihe – wollte ich heute nicht einnehmen.

In meiner Morgenstille lasse ich den gestrigen Abend Revue passieren:

St. Martinsfeier mit Eucharistie (versteht sich) und anschließendem Gans-Essen im Gemeindesaal. Es ist mein erstes St. Martinsfest; schon gar nicht kenne ich die Lieder, gehe eher hin, da der Liturgiekreis – dem ich angehöre – am kommenden Sonntag einen St. Martins-Gottesdienst gestalten wird. Sicher im Beitritt zum Liturgiekreis, unsicher in jeder bis jetzt besuchten Vorbereitungsstunde zu diesem Thema. Sicher sind die Gottesdienst-Vorbereitungskreise eher von der Spontaneität und Kreativität ihrer Mitglieder bestimmt, denn von systematischer Abarbeitung Top für Top. Eher nicht unterbrochen von „zur Ordnung Rufender", da gerade diese Menschen nicht im Kreativbereich zu finden sind, wuseln auch wir uns durch 3 Vorbereitungstreffen; dann steht der Gottesdienst. Sonst immer bemüht, ein inneres Bild, jedes Detail – von Deko bis Liedstrophen - gut im Auge zu behalten, verschwimmt hier alles für mich: mir ist St. Martin fremd, googele mich zu Hause rasch durch seine Geschichte und Bedeutung. Es klingt innen absolut nichts nach. Fest entschlossen, im Liturgiekreis meinen Platz zu finden denke ich „sollen sie doch nur machen, ich werde es schon auf die Reihe kriegen", vertraue auch total der Liturgie und dass sie – die allen so vertraut ist und die mich so angezogen hat – ordnen wird, was für mich noch ordnenswert erscheint. Fast stoisch lasse ich mich zur Fürbitte und zum Kerzen anzünden einteilen. Noch immer klingt innen nichts (worauf ich doch als im Freikirchentum Aufgewachsene geeicht und irgendwie auch angewiesen bin). Ich lasse mich „führen".

Gestern also dann die St. Martinsfeier an unserem üblichen Taizé- und Lichtvesper-Abend. Ich bin beeindruckt. Etwas so Gesichtsloses wie das St.-Martins-Geschehen bekommt ein Profil. Wer hat das alles im Hintergrund vorbereitet? Lampions rund um den Altar und die „Taizé-Grundbeleuchtung" in den bekannten Steinen, natürlich die Osterkerze. Eine Kerze für jeden am Eingang. Was ich dann erlebe, kann ich mit Worten nicht beschreiben. Gekommen war ich, um „es mal kennen zu lernen", vor allem die Lieder als sonst tragende Stimme „wenigstens mal gehört zu haben", evtl. den Priester zu bitten, die Lieder wie auch sonst anzustimmen. Meine Bedenken sind so etwas von unnötig, die meisten kennen alle Martinslieder natürlich auswendig; der Gesang ist kräftig, mehrstimmig und Freude spendend wie immer. Mich rührt es an, die Geschichte von St. Martin zu hören und die Inbrunst der Mit-Geschwister zu erleben. Hielt ich „St. Martin" bis jetzt für einen „katholischen rheinischen Kindergarten-Spleen", bemerke ich, wie innen etwas widerhallt: das, was wir uns von jedem Gottesdienst wünschen, ersehnen und manchmal auch bekommen.

Die Liturgie – heute abgestimmt auf St. Martin – führt uns durch die Feier, die unserem üblichen Rahmen folgt. Als „Gloria" singen wir das erste Weihnachtslied. Wie schön, diese zarte innere Ankündigung: das Kirchenjahr geht zu Ende und bald beginnt der Zyklus von vorne. Wie wohltuend, etwas so Strukturierendes und Lebendiges wie die Liturgie zu haben. Der Friedensgruß fällt auch heute herzlich aus. Wir genießen die Gemeinschaft, spenden uns teilweise mehrmals den Friedensgruß; die Stimmung ist so gelöst, die Atmosphäre könnte nicht schöner sein. Emily, die Tochter des Priester-Paares lauscht mit ihren 4 Monaten den melodischen Klängen. Als die Feier beendet ist, lässt Dieter, der heute mit seiner Ziehharmonika die Lieder begleitet, noch so manche Melodie erklingen, die wir mitsummen oder singen. Da kommt ein Kinderlied; das geht ja richtig tief: zum letzten Mal gesungen mit Papa und Mama beim Zubettgehen vor 1000 Jahren und Gefühle und Gedanken wie „so wird´s nie mehr". Alles hat Platz an diesem Abend. Auch das nachfolgende genüssliche Mahl mit Gans, Rotkohl, Klößen und Maronen-Beifuß. Als die letzten Gansflügelchen abgenagt und die Hände wieder gewaschen sind, holt Dieter wiederum seine Ziehharmonika raus und wir singen: wieder die Martinslieder, die ich inzwischen schon gut mitsingen kann. Irgendjemand weiß auch immer eine Strophe weiter. Es wird immer ausgelassener. Außerdem beginnt bald die „5. Jahreszeit" hier im Rheinland. Und da Katholiken (was mir schon immer gefallen hat) beten UND feiern können, singen wir noch den ein oder anderen Karnevalssong; so was von Geschmacksache, ich weiß. Der aus Taizé mitgebrachte Rotwein macht die Runde. Ich erlebe gelebtes Brauchtum und nicht sofort sind alle gleich besoffen und anschließend schwanger. Wir haben einfach nur gesungen und waren ausgelassen wie die Kinder. Basta.

Am nächsten Morgen rufe ich mir die Martinslieder bei YouTube auf, um sie für Sonntag nochmals nach- und vorzubereiten. Dabei vertieft sich mein gestriges Erleben und mir tut von Herzen leid, durch Sätze (die ich in der Kindheit hörte) wie, „Katholiken können auch gläubig sein", zunächst mit derartigen Vorurteilen aufgewachsen zu sein. Ich erlebe in meinen Nachgedanken nochmals den tiefen Graben, der Kirchen - bei vielen positiv gelebten Beispielen – heute auch noch trennt. Das geht mir heute Morgen nah.

Ich frage mich, wo ich den folgenden Satz gehört habe: „Wenn Luther aus der katholischen Kirche ausgetreten wäre, müssten wir heute alle wieder eintreten".

Höchstwahrscheinlich wäre Martin Luther heute alt-*ernativ*-katholisch. Das kann ich mir gar nicht anders vorstellen und er wäre bei uns genau richtig.

„Eines will ich nicht mehr entbehren: zweisprachig zu sein. Ich finde es schön, nicht mehr definiert zu sein durch die Sprache und durch die Tradition nur einer Konfession. Ich habe noch einen zweiten Blickwinkel. Zwar heißt das, dass ich weniger Heimat habe, als wenn ich nur in einer Sprache und Tradition geblieben wäre. Aber ich bin auch weniger gefangen in dem Haus, in dem ich gerade lebe. Und diese Freiheit lasse ich mir etwas kosten".

Fulbert Steffensky, Feier des Lebens, Kreuz-Verlag, Stuttgart 1984

DANKSAGUNG

Herzlicher Dank gilt Sabine für die gemeinsame Gestaltung.

NOTIZEN